Dieses Buch gehört:

....

Mein erstes großes

Türkisch Bildwörterbuch

Zeichnungen von Angela Weinhold

gondolino

005

2. Auflage

Umschlaggestaltung: Angela Weinhold
Übersetzung: Mustafa Gergün
ISBN: 3-8112-2181-7

Der Umwelt zuliebe ist dieses Buch auf chlorfrei gebleichtem Papier gedruckt

Inhalt

Das Gesicht/**Yüz**

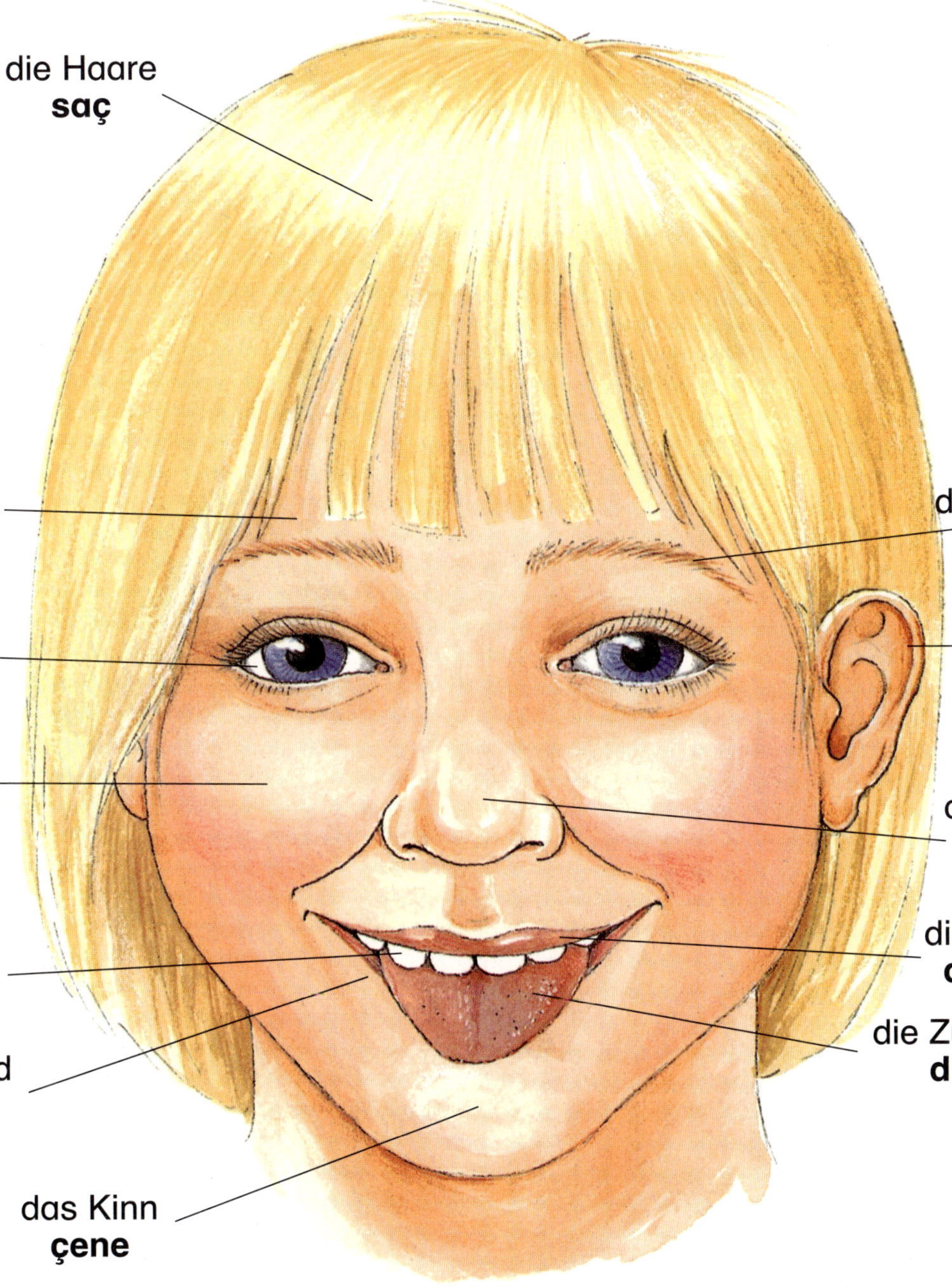

Die Kleidung/**Giysiler**

das Unterhemd
fanila

die Unterhose
külot

die Socken
Soket çorap

die Strümpfe
uzun çorap

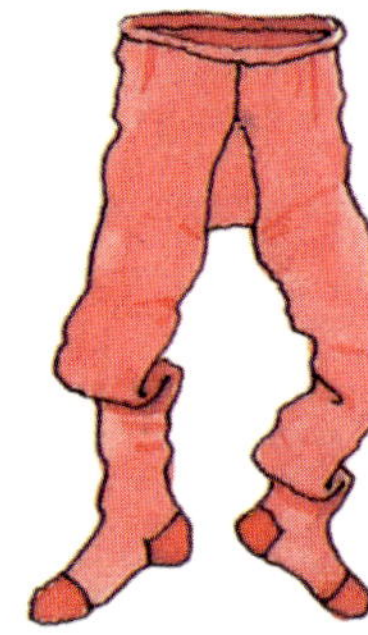

die Strumpfhose
külotlu çorap

die Bluse
bluz

der Rock
etek

der Knopf
düğme

das Hemd
gömlek

die Hose
pantalon

die Latzhose
askılı pantalon

das Nachthemd
gecelik

der Schlafanzug
pijama

das T-Shirt
tişört

die Strickjacke
hırka

der Pullover
kazak

der Gürtel
kemer

der Trainingsanzug
eşofman

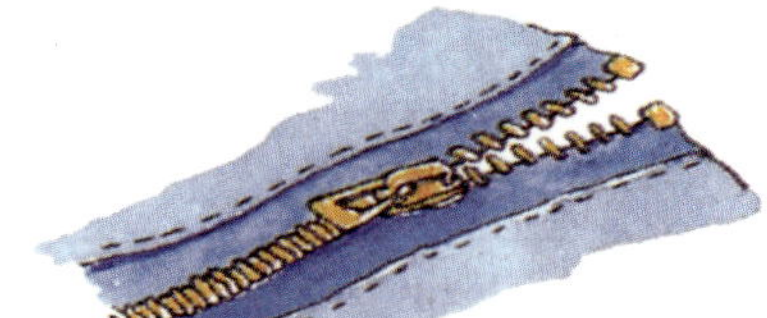

der Reißverschluss
fermuar

die kurze Hose
kısa pantalon

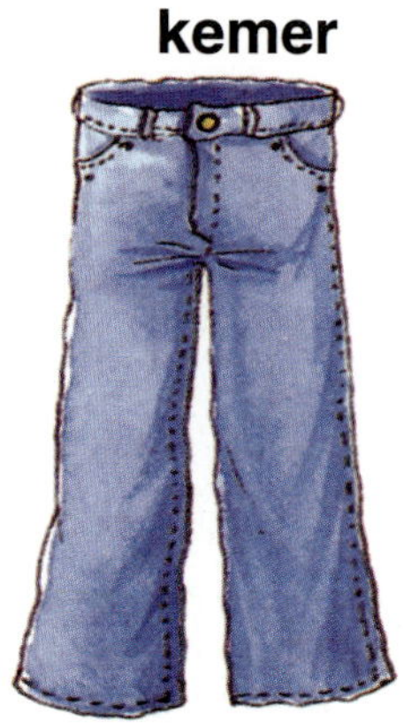

die Jeans
blucin

das Sweatshirt
eşofman tişört

die Jacke/**ceket**
die Mütze
başlık
der Mantel
manto (palto)
die Schuhe
ayakkabı
die Sandalen
sandalet
die Turnschuhe
jimnastik ayakkabısı
die Hausschuhe
ev terliği
die Gummistiefel
lastik çizme
der Bikini
bikini
die Badehose
mayo
der Badeanzug
mayo
die Brille
gözlük
die Armbanduhr
kol saati
der Kleiderschrank
elbise dolabı
das Kleid
elbise
der Schal
atkı
der Anorak
parka
die Handschuhe
eldiven
der Kleiderbügel
elbise askısı
der Regenschirm
şemsiye
die Regenjacke
yağmurluk
die Halskette
kolye
das Armband
bilezik
der Ring
yüzük
der Ohrring
küpe

In der Küche/**Mutfakta**

der Teller
tabak
der Suppenteller
çorba tabağı
die Tasse
fincan
die Untertasse
fincan tabağı
der Becher
kupa
die Mikrowelle
mikrodalga fırın
das Geschirr
sofra takımı
der Eierbecher
yumurtalık
die Gewürze
baharatlar
die Kaffeemaschine
kahve makinesi
das Glas
bardak
der Kühlschrank
buzdolabı
das Messer
bıçak
der Toaster
ekmek kızartma makinesi
die Gabel
çatal
der Esslöffel
yemek kaşığı
der Teelöffel
çay kaşığı
die Schürze
önlük
das Küchenmesser
mutfak bıçağı
der Schneebesen
çırpacak
das Brett
doğrama tahtası
der Gefrierschrank
derin dondurucu
der Kochlöffel
yemek pişirme kaşığı
das Backblech
fırın tepsisi
die Dose
kutu
der Dosenöffner
konserve açacağı
der Korkenzieher
tirbuşon
die Suppenkelle
kepçe
der Pfannenwender
spatula

Im Esszimmer/**Yemekte**

der Reis
pilav
die Bratkartoffeln
patates kavurması
das Gemüse/sebze
der Vater
baba
der Salat
salata
die Mutter
anne
die Brezel
bretzel
der Pudding
puding
das Ei
yumurta
die Kanne
kahve ibriği
der Kuchen
kek
der Kaffee
kahve
das Eis
dondurma
die Butter
tereyağı
die Marmelade
reçel
der Quark
lor
das Milchkännchen
sütlük
der Saft
meyve suyu
der Ketschup
ketçap
der Salzstreuer
tuzluk
die Pfeffermühle
karabiber değirmeni
der Senf
hardal
die Serviette
peçete

Im Badezimmer/**Banyoda**

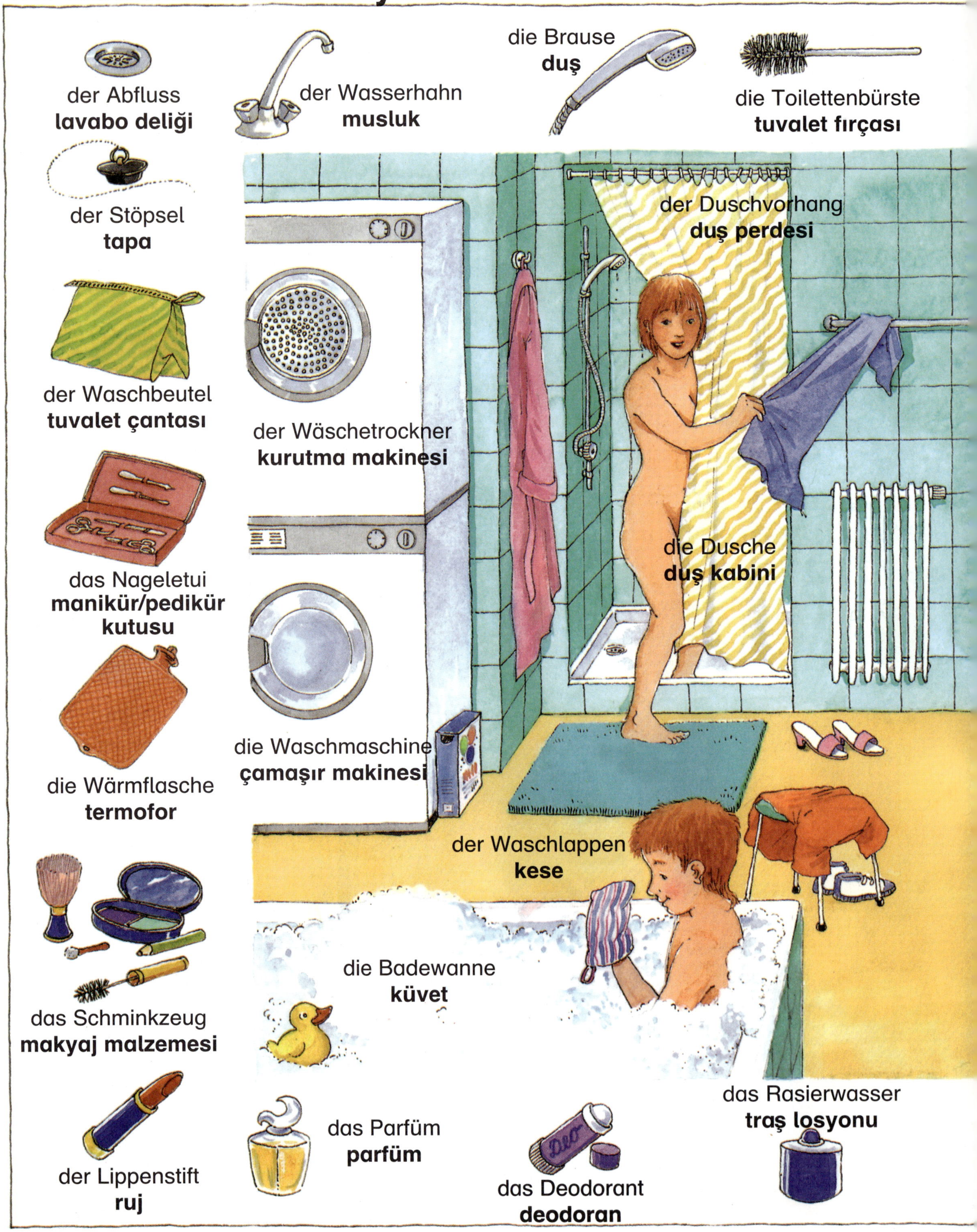

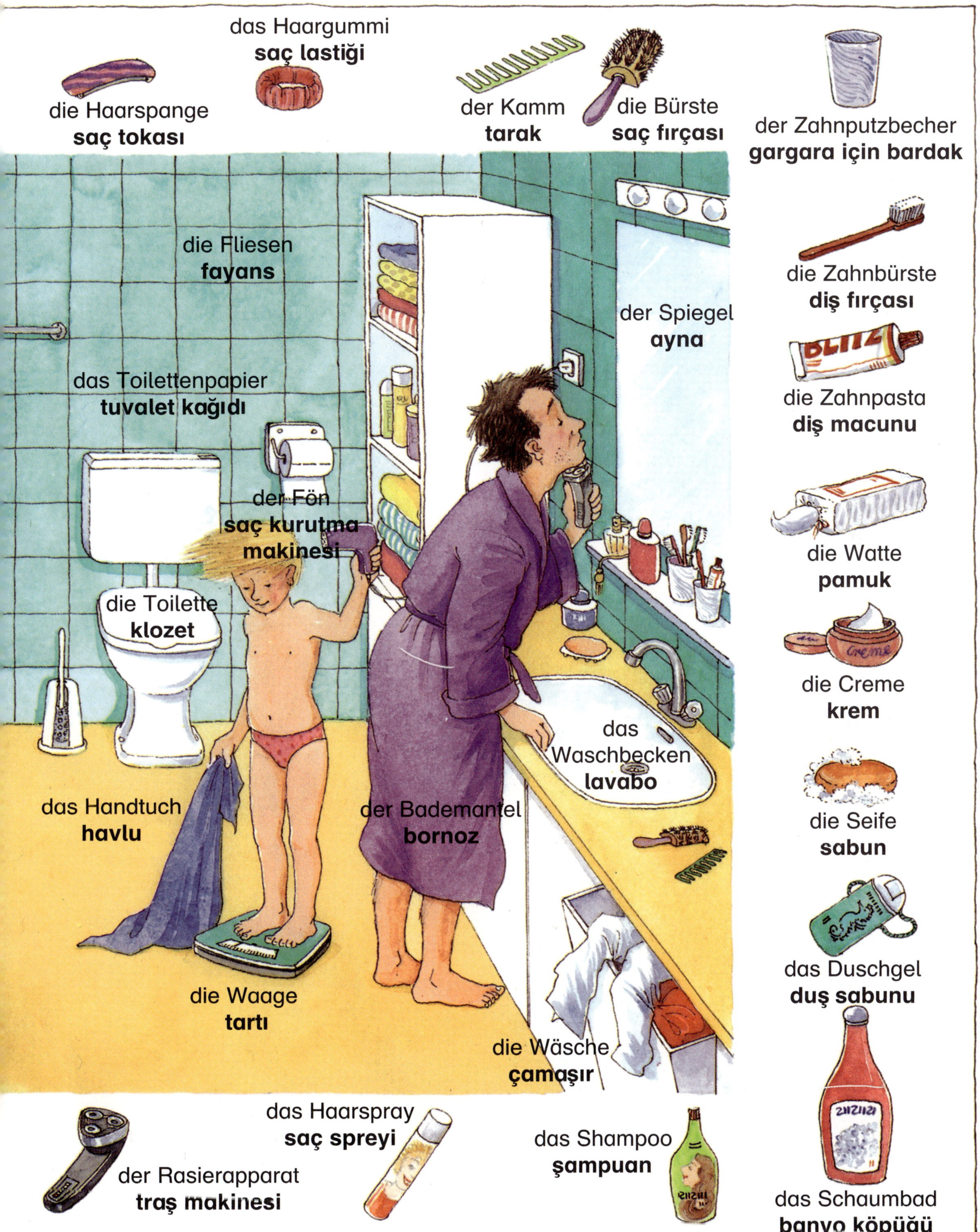
die Haarspange
saç tokası
das Haargummi
saç lastiği
der Kamm
tarak
die Bürste
saç fırçası
der Zahnputzbecher
gargara için bardak
die Fliesen
fayans
der Spiegel
ayna
die Zahnbürste
diş fırçası
BLITZ
die Zahnpasta
diş macunu
das Toilettenpapier
tuvalet kağıdı
der Fön
saç kurutma makinesi
die Watte
pamuk
die Toilette
klozet
die Creme
krem
Creme
das Waschbecken
lavabo
das Handtuch
havlu
der Bademantel
bornoz
die Seife
sabun
die Waage
tartı
das Duschgel
duş sabunu
die Wäsche
çamaşır
das Haarspray
saç spreyi
das Shampoo
şampuan
der Rasierapparat
traş makinesi
das Schaumbad
banyo köpüğü

Im Wohnzimmer/**Oturma odasında**

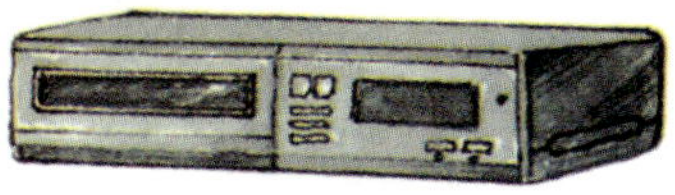

der Videorecorder
video

die Videokassette
video kaseti

der Schallplattenspieler
pikap

die Schallplatte
plak

der CD-Spieler
cd çalar

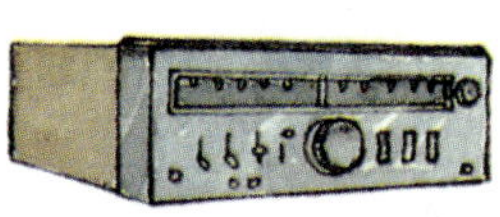

das Radio
radyo

der Kassettenrecorder
teyp

die Kassette
kaset

das Bild
resim
die Lampe
lamba
das Foto
fotoğraf
der Kamin
şömine
das Feuer
ateş
die Vase
vazo
das Telefon
telefon
der Vorhang
perde
die Frau
bayan
der Sessel
koltuk
der Mann
bay
das Sofa
kanepe
die Fernbedienung
uzaktan kumanda
die Glühbirne
ampul
die Steckdose
priz
die Zeitung
gazete
das Buch
kitap
das Kissen
kırlent
die Streichhölzer
kipritler

Im Kinderzimmer/**Çocuk odasında**

die Puppe
bebek

der Puppenwagen
bebek arabası

die Handpuppe
el kuklası

die Marionette
kukla

das Kuscheltier
pelüş hayvan

das Spielzeugauto
oyuncak oto

der Gameboy
gameboy

das Kartenspiel
iskambil

das Puzzle
yap boz

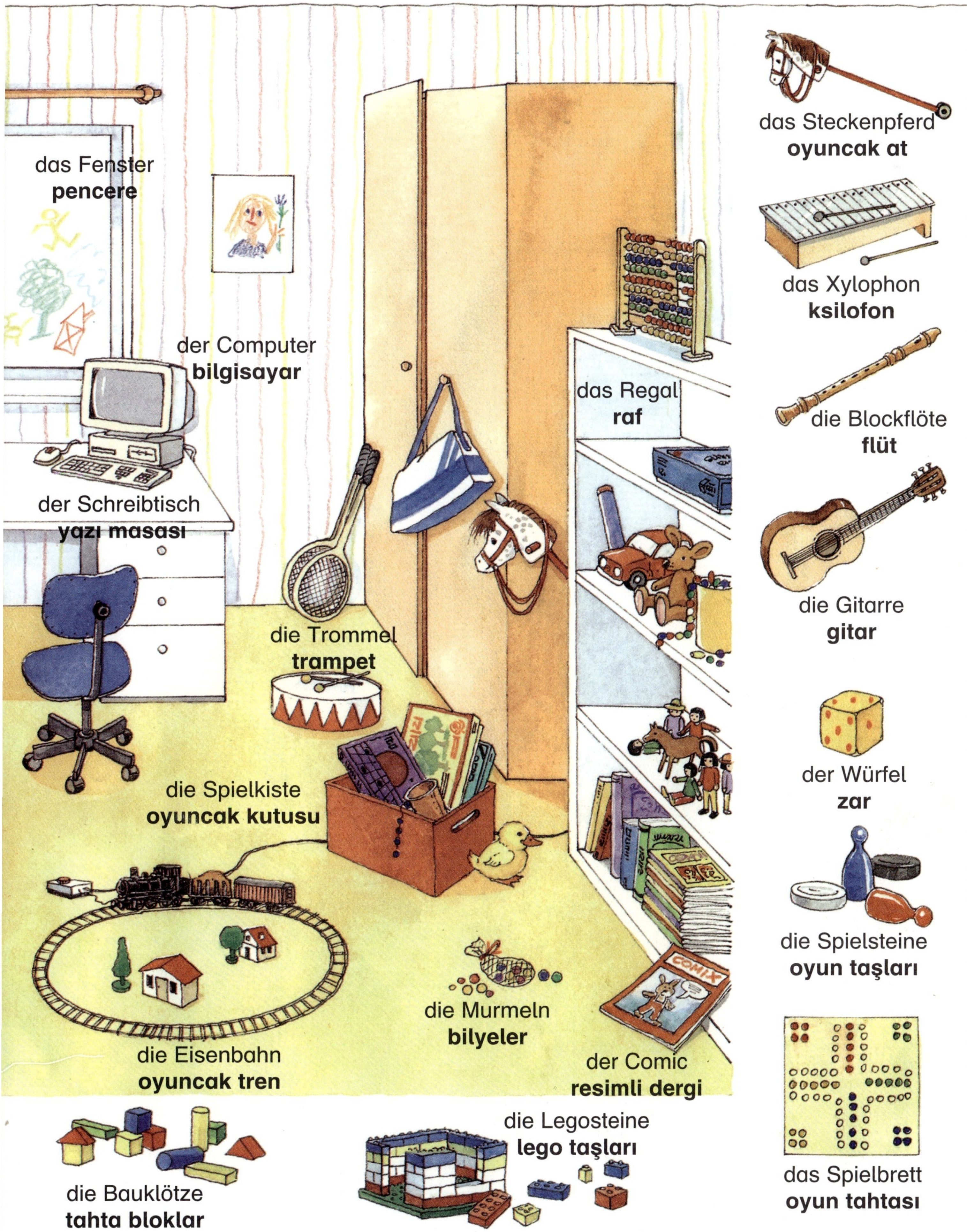
das Fenster
pencere
der Computer
bilgisayar
der Schreibtisch
yazı masası
das Regal
raf
die Trommel
trampet
die Spielkiste
oyuncak kutusu
die Eisenbahn
oyuncak tren
die Murmeln
bilyeler
der Comic
resimli dergi
die Bauklötze
tahta bloklar
die Legosteine
lego taşları
das Steckenpferd
oyuncak at
das Xylophon
ksilofon
die Blockflöte
flüt
die Gitarre
gitar
der Würfel
zar
die Spielsteine
oyun taşları
das Spielbrett
oyun tahtası

In der Schule/**Okulda**

das Pausenbrot
beslenme

die Garderobe
gardırop

das Zeugnis
karne

der Schulranzen
okul çantası

das Schulbuch
okul kitabı

der Ordner
dosya

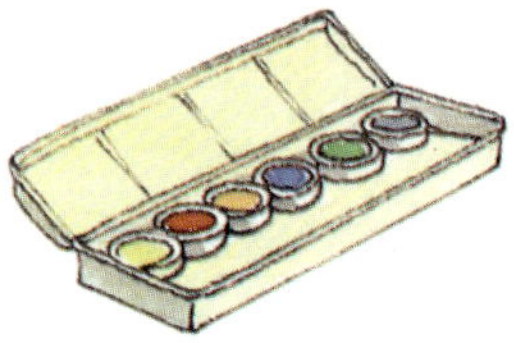

der Farbkasten
boya kutusu

der Pinsel
fırça

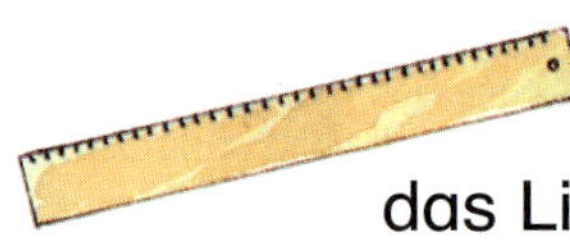

das Lineal
cetvel

2+3=
die Wand
duvar
die Landkarte
harita
WORT
das Wort
kelime
ABCDEF
GHIJKL
MNOPQRS
TUVWXYZ
das Alphabet
alfabe
der Schwamm
sünger
die Zeichnung
çizim
der Schüler
erkek öğrenci
das Heft
defter
die Schülerin
kiz öğrenci
die Lehrerin
bayan öğretmen
der Zeichenblock
resim defteri
der Bleistift
kurşun kalem
der Buntstift
boya kalemi
der Wachsmalstift
pastel boya kalemi
der Filzstift
keçe kalem
der Kugelschreiber
tükenmez kalem
der Füller
dolma kalem
die Patrone
patron
der Spitzer
kalemtıraş
der Zirkel
pergel
die Schere
makas
der Tesafilm
bant
der Klebstoff
tutkal
das Federmäppchen
kalem kutusu
der Radiergummi
silgi

In der Stadt/Şehirde

die Reklame
reklam

die Litfasssäule
ilan sütunu

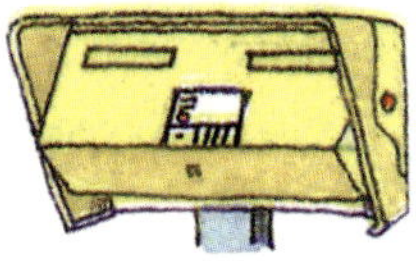

der Briefkasten
posta kutusu

die Telefonzelle
telefon kulübesi

der Straßenmaler
sokak ressamı

der Straßenmusikant
sokak müzisyeni

die Müllcontainer
çöp kontynerleri

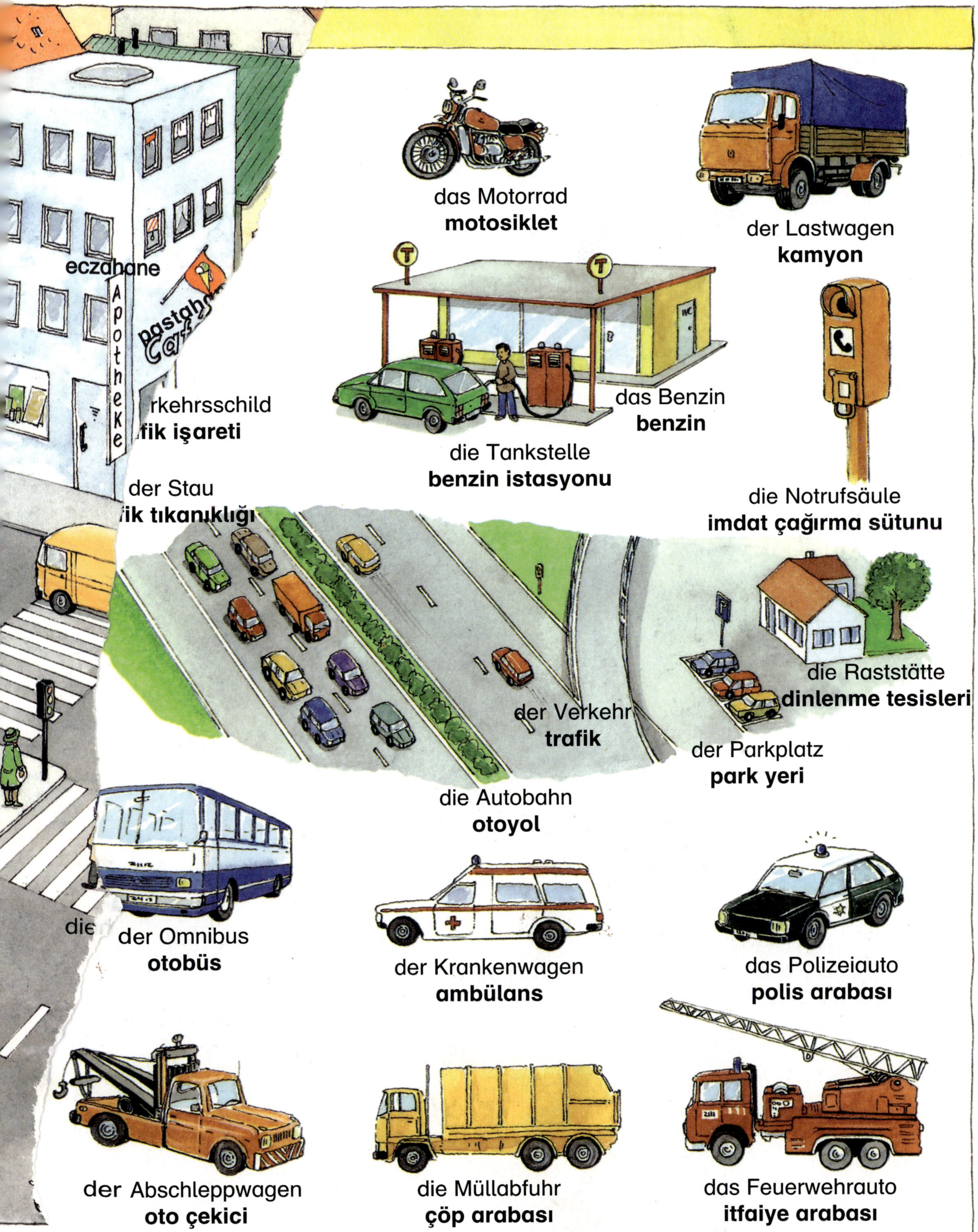
eczahane
Apotheke
der Stau
das Motorrad
motosiklet
der Lastwagen
kamyon
das Benzin
benzin
die Tankstelle
benzin istasyonu
die Notrufsäule
imdat çağırma sütunu
die Raststätte
dinlenme tesisleri
der Verkehr
trafik
der Parkplatz
park yeri
die Autobahn
otoyol
der Omnibus
otobüs
der Krankenwagen
ambülans
das Polizeiauto
polis arabası
der Abschleppwagen
oto çekici
die Müllabfuhr
çöp arabası
das Feuerwehrauto
itfaiye arabası

Im Supermarkt/**Süpermarkette**

die Nudeln
makarna

die Haferflocken
yulaf ezmesi

die Cornflakes
mısır gevreği

das Öl
bitkisel yağ

der Essig
sirke

die Mayonnaise
mayonez

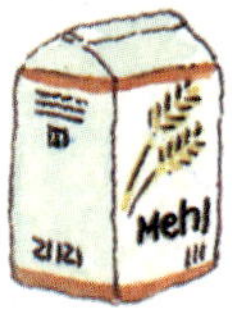

das Mehl
un

der Zucker
şeker

das Salz
tuz

die Windeln
çocuk bezi

die Papiertaschentücher
kağıt mendil

das Waschpulver
çamaşır deterjanı

die Sahne
krem şanti

der Jogurt
yoğurt

die Margarine
margarin

der Apfelsaft
elma suyu

der Orangensaft
portakal suyu

die Flasche
şişe

die Kekse
bisküviler

der Kaugummi
çiklet

die Bonbons
şekerler

die Schokolade
çikolata

der Lutscher
yalama şekeri

Im Zoo/**Hayvanat bahçesinde**

der Hai
köpekbalığı
der Fisch
balık
AQUARIUM
akvaryum
die Schlange
yılan
der Eisbär
kutup ayısı
der Pandabär
panda
Bitte nicht füttern
der Tierwärter
hayvan bakıcısı
der Tiger
kaplan
der Seehund
fok balığı
der Pinguin
penguen
der Esel
eşek
der Pfau
tavus kuşu
die Ziege
keçi
das Pony
midilli atı
EIS
Streichelzoo
evcil
hayvanlar
das Nilpferd
su aygırı

In Wald und Wiese/**Orman ve çayırda**

die Spinne
örümcek

die Eidechse
kertenkele

der Frosch
kurbağa

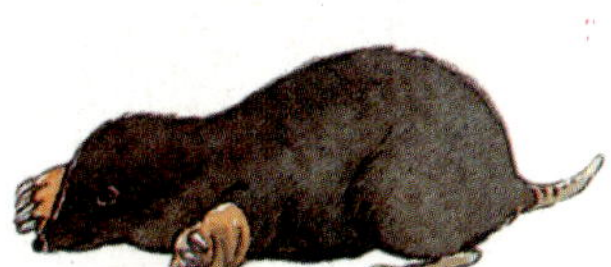

der Maulwurf
köstebek

der Käfer
böcek

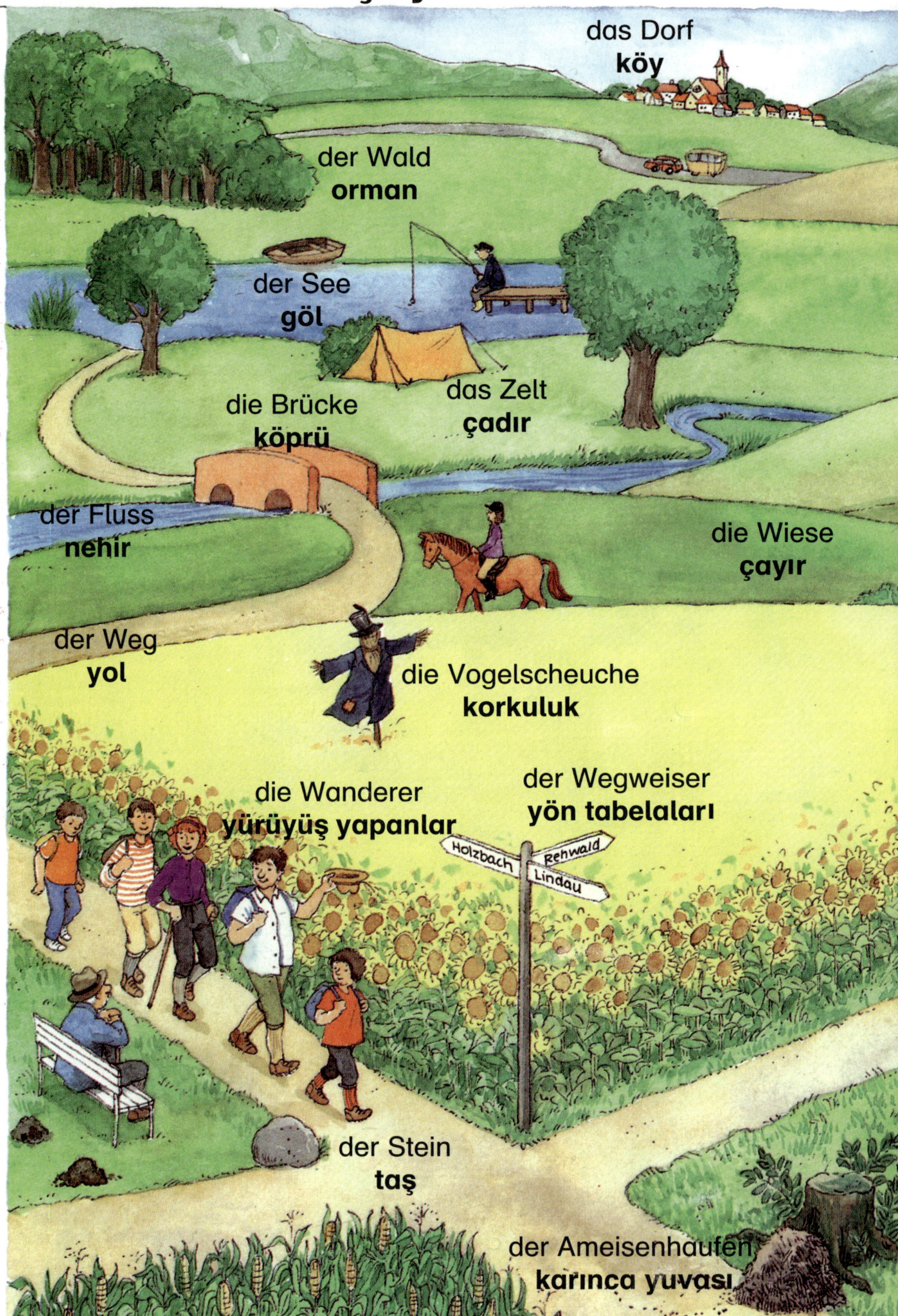

die Maus
fare

der Igel
kirpi

die Ameise
karınca

der Berg
dağ
das Tal
vadi
der Jäger
avcı
der Baum
ağaç
die Futterkrippe
yemlik
der Vogel
kuş
der Ast
dal
das Gras
çimen
der Stamm
ağaç gövdesi
die Pilze
mantarlar
das Reh
karaca
der Rehbock
erkek karaca
der Fuchs
tilki
das Wildschwein
yaban domuzu
der Hase
tavşan
das Eichhörnchen
sincap
die Eule
baykuş
die Kastanie
kestane
das Moos
yosun
die Eichel
meşe palamudu
der Zapfen
kozalak

Auf dem Bauernhof/**Çiftlikte**

das Pferd
at

das Fohlen
tay

die Kuh
inek

das Kalb
dana

der Stier
boğa

das Schaf
koyun

das Lamm
kuzu

das Schwein
domuz

das Ferkel
domuz yavrusu

das Feld
tarla
der Mähdrescher
biçerdöver
das Getreide
tahıl
das Kaninchen
tavşan
das Dach
dam
die Scheune
samanlık
der Kaninchenstall
tavşan kümesi
die Strohballen
saman balyaları
der Hund
köpek
das Heu
kuru ot
der Anhänger
römork
die Katze
kedi
der Hühnerstall
tavuk kümesi
der Stall
ahır
der Misthaufen
gübre yığını
die Hundehütte
köpek kulübesi
der Truthahn
hindi
der Zaun
çit
die Gans
kaz
das Küken
civciv
das Huhn
tavuk
die Ente
ördek
der Hahn
horoz

Was ich tue/**Neler yaparım**

gehen
yürümek

rennen
koşmak

stehen
ayakta durmak

sitzen
oturmak

liegen
uzanmak

schlafen
uyumak

träumen
rüya görmek

aufwachen
uyanmak

waschen
yıkanmak

Zähne putzen
diş fırçalamak

kämmen
saç taramak

anziehen
giyinmek

malen
resim çizmek

lesen
okumak

schreiben
yazmak

singen
şarkı söylemek

rechnen
hesap yapmak

essen
yemek

trinken
içmek

spielen
oynamak

aufräumen
toplamak

umarmen
kucaklamak

streicheln
okşamak

küssen
öpmek

zuhören
dinlemek

reden
konuşmak

weinen
ağlamak

lachen
gülmek

zeigen
göstermek

anschauen
bakmak

schreien
bağırmak

flüstern
fısıldamak

ziehen
çekmek

tragen
taşımak

geben
vermek

nehmen
almak

schieben
itmek

springen
zıplamak

werfen
atmak

fangen
yakalamak

hinfallen
düşmek

Gegensätze/**Karşıt anlamlılar**

dick
şişman

dünn
zayıf

rau
pürüzlü

glatt
pürüzsüz

nass
ıslak

trocken
kuru

vorne
ön

hinten
arka

voll
dolu

leer
boş

groß
büyük

klein
küçük

sauber
temiz

schmutzig
kirli

offen
açık

geschlossen
kapalı

links
sol

rechts
sağ

langsam
yavaş

schnell
hızlı

schwer
ağır

leicht
hafif

weich
yumuşak

hart
sert

kurz
kısa

lang
uzun

heiß
sıcak

kalt
soğuk

viel
çok

wenig
az

fern
uzak

nah
yakın

hoch
yüksek

niedrig
alçak

oben
yukarı

unten
aşağı

richtig
doğru

falsch
yanlış

traurig
üzgün

fröhlich
neşeli

laut
sesli

leise
sessiz

böse
yaramaz

lieb
uslu

erster
birinci

letzter
sonuncu

krank
hasta

gesund
sağlıklı

weit
geniş

eng
dar

schön
güzel

hässlich
çirkin

Wetter, Jahreszeit und Monat/**Hava, mevsim ve ay**

Das Wetter/**hava** | Die Jahreszeit/**mevsim**

Das Wetter/hava
der Himmel
gökyüzü
der März/mart
der April/nisan
der Mai/mayıs
der Frühling
ilkbahar
das Mädchen
kız çocuğu
die Blumen
çiçekler
die Wolke
bulut
der Regenbogen
gök kuşağı
der Regen
yağmur
der Nebel
sis
der Sommer
yaz
der Juni/haziran
der Juli/temmuz
der August/ağustos
das Meer
deniz
der Strand
plaj
die Sonne
güneş
die Hitze
aşırı sıcaklık
BÄNG
der Donner
gök gürlemesi
der Blitz
şimşek
das Gewitter
kasırga

Woche und Uhrzeit/**Hafta ve saat**

Die Woche/**hafta**

pazartesi **salı** **çarşamba** **perşembe** **cuma** **cumartesi** **pazar**

eine Woche = 7 Tage
bir hafta = 7 gün

Die Uhrzeit/**saat**

der große Zeiger
yelkovan

die Uhr
saat

das Ziffernblatt
saat minesi

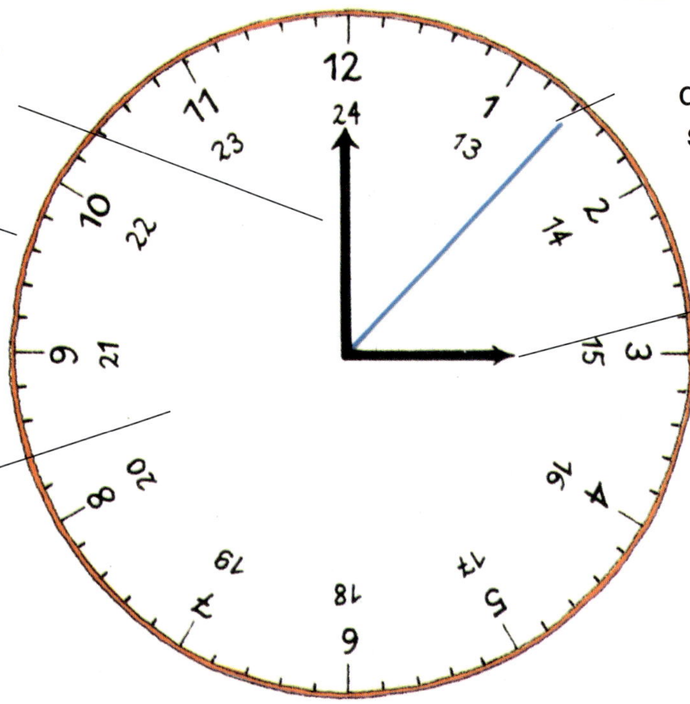

der Sekundenzeiger
saniye göstergesi

der kleine Zeiger
akrep

ein Tag = 24 Stunden **bir gün = 24 saat**	eine Minute = 60 Sekunden **bir dakika = 60 saniye**	eine Stunde = 60 Minuten **bir saat = 60 dakika**

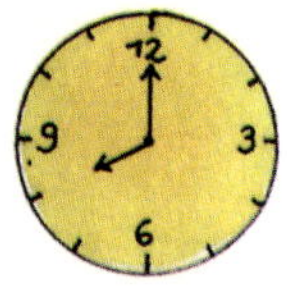

acht Uhr
Saat sekiz

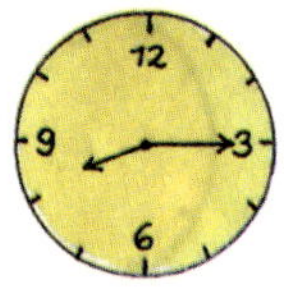

viertel nach acht
Sekizi çeyrek geçiyor

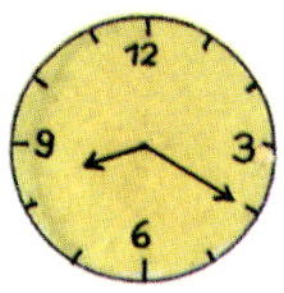

zwanzig nach acht
Sekizi yirmi geçiyor

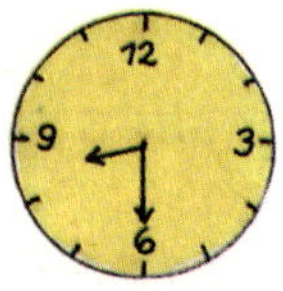

halb neun
Sekiz buçuk

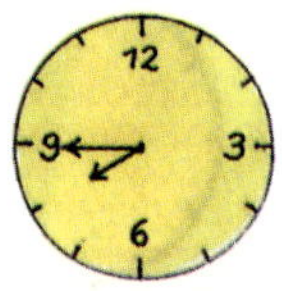

viertel vor acht
Sekize çeyrek var

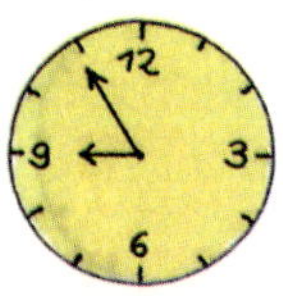

fünf vor neun
Dokuza beş var

1 eins/**bir**	2 zwei/**iki**	3 drei/**üç**	4 vier/**dört**	5 fünf/**beş**

6 sechs/**altı**	7 sieben/**yedi**	8 acht/**sekiz**	9 neun/**dokuz**	10 zehn/**on**

11 elf/**on bir**	12 zwölf/**on iki**	13 dreizehn/**on üç**	14 vierzehn/**on dört**	15 fünfzehn/**on beş**
		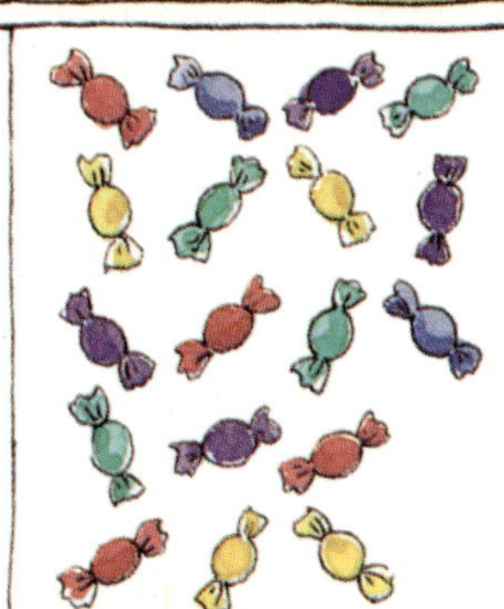		
16 sechzehn/**on altı**	17 siebzehn/**on yedi**	18 achtzehn/**on sekiz**	19 neunzehn/ **on dokuz**	20 zwanzig/**yirmi**

Wörterliste

A

Abfluss ... 14 **lavabo deliği**
Abschleppwagen ... 25 **oto çekici**
acht ... 40,41 **sekiz**
achtzehn ... 41 **on sekiz**
Affe ... 28 **maymun**
Alphabet ... 21 **alfabe**
Ameise ... 30 **karınca**
Ameisenhaufen ... 30 **karınca yuvası**
Ampel ... 23 **trafik lambası**
Anhänger ... 33 **römork**
Anker ... 24 **gemi demiri**
Anorak ... 9 **parka**
anschauen ... 35 **bakmak**
anziehen ... 34 **giyinmek**
Apfelsaft ... 27 **elma suyu**
Apotheke ... 23 **eczane**
April ... 39 **nisan**
Aquarium ... 29 **akvaryum**
Armband ... 9 **bilezik**
Armbanduhr ... 9 **kol saati**
Ast ... 31 **dal**
aufräumen ... 34 **toplamak**
aufwachen ... 34 **uyanmak**
Auge ... 7 **göz**
Augenbraue ... 7 **kaş**
August ... 39 **ağustos**
Auto ... 25 **otomobil**
Autobahn ... 25 **otoyol**
Axt ... 32 **balta**

B

Backblech ... 11 **fırın tepsisi**
Backe ... 7 **yanak**
Backofen ... 10 **fırın**
Badeanzug ... 9 **mayo**
Badehose ... 9 **mayo**
Bademantel ... 15 **bornoz**
Badewanne ... 14 **küvet**
Badezimmer ... 14 **banyoda**
Bäckerei ... 26 **fırın**
Bäuerin ... 32 **çiftçi kadın**
Bahnhof ... 24 **istasyon**
Bahnsteig ... 24 **peron**
Ball ... 18 **top**
Bank ... 23 **banka**
Bauer ... 32 **çiftçi**
Bauernhaus ... 32 **çiftlik evi**
Bauernhof ... 32 **çiftlikte**
Bauklötze ... 19 **tahta bloklar**
Baum ... 31 **ağaç**
Becher ... 11 **kupa**
Benzin ... 25 **benzin**
Berg ... 31 **dağ**
Bett ... 18 **yatak**
Bettdecke ... 18 **yatak örtüsü**
Bikini ... 9 **bikini**
Bild ... 17 **resim**
Blatt ... 20 **kağıt**
Bleistift ... 21 **kurşun kalem**
Blitz ... 39 **şimşek**
Blockflöte ... 19 **flüt**
Blumen ... 39 **çiçekler**
Blumenladen ... 23 **çiçekçi dükkanı**
Bluse ... 8 **bluz**
böse ... 37 **yaramaz**
Bonbons ... 27 **şekerler**
Braten ... 12 **kızartma**
Bratkartoffeln ... 13 **patates kavurması**
Bratwurst ... 12 **kızartılmış sucuk**
Braunbär ... 28 **ayı**
Brause ... 14 **duş**
Brett ... 11 **doğrama tahtası**
Brezel ... 13 **bretzel**
Briefkasten ... 28 **posta kutusu**
Brille ... 9 **gözlük**
Brötchen ... 12 **küçük ekmek**
Brot ... 12 **ekmek**
Brücke ... 30 **köprü**
Buch ... 17,20,22 **kitap**
Buchstabe ... 20 **harf**
Büro ... 23 **ofis**
Bürste ... 10,15 **saç fırçası, bulasık fırçası**
Buntstift ... 21 **boya kalemi**
Butter ... 13 **tereyağı**

C

Café ... 23 **kahve salonu**
CD ... 16 **cd**
CD-Spieler ... 16 **cd çalar**
Cockpit ... 24 **pilot kabini**
Comic ... 19 **resimli dergi**
Computer ... 19 **bilgisayar**
Cornflakes ... 26 **mısır gevreği**
Creme ... 15 **krem**

D

Dach ... 33 **dam**
Deckel ... 10 **kapak**
Deodorant ... 14 **deodoran**
Dezember ... 38 **aralık**
dick ... 36 **şişman**
Dienstag ... 40 **salı**
Donner ... 39 **gök gürlemesi**
Donnerstag ... 40 **perşembe**
Dorf ... 30 **köy**
Dose ... 11 **kutu**
Dosenöffner ... 11 **konserve açacağı**
Drachen ... 38 **uçurtma**
drei ... 41 **üç**
dreizehn ... 41 **on üç**
dünn ... 36 **zayıf**
Dusche ... 14 **duş kabini**
Duschgel ... 15 **duş sabunu**
Duschvorhang ... 14 **duş perdesi**

E

Ei ... 13 **yumurta**
Eichel ... 31 **meşe palamudu**
Eichhörnchen ... 31 **sincap**
Eidechse ... 30 **kertenkele**
Eierbecher ... 11 **yumurtalık**
Eingang ... 28 **giriş**
Einkaufswagen ... 26 **alışveriş arabası**
Einkaufszettel ... 26 **alışveriş listesi**
eins ... 41 **bir**
Eis ... 13 **dondurma**
Eisbär ... 29 **kutup ayısı**
Eisenbahn ... 19 **oyuncak tren**
Elefant ... 28 **fil**

elf .... 41 **on bir**
eng .... 37 **dar**
Ente .... 33 **ördek**
erster .... 37 **birinci**
Esel .... 29 **eşek**
Essen .... 34 **yemek**
Essig .... 26 **sirke**
Esslöffel .... 11 **yemek kaşığı**
Esszimmer .... 12 **yemekte**
Eule .... 31 **baykuş**

F

Fähre .... 24 **feribot**
falsch .... 37 **yanlış**
Familie .... 28 **aile**
fangen .... 35 **yakalamak**
Farbkasten .... 20 **boya kutusu**
Februar .... 38 **şubat**
Federmäppchen .... 21 **kalem kutusu**
Feld .... 33 **tarla**
Fenster .... 19 **pencere**
Ferkel .... 32 **domuz yavrusu**
fern .... 37 **uzak**
Fernbedienung .... 17 **uzaktan kumanda**
Fernseher .... 16 **televizyon**
Feuer .... 17 **ateş**
Feuerwehrauto .... 25 **itfaiye arabası**
Filzstift .... 21 **keçe kalem**
Fischstäbchen .... 12 **çubuk balık**
Flasche .... 27 **şişe**
Fleisch .... 27 **et**
Fliesen .... 15 **fayans**
flüstern .... 35 **fısıldamak**
Flughafen .... 24 **hava alanı**
Flugzeug .... 24 **uçak**
Fluss .... 30 **nehir**
Föhn .... 15 **saç kurutma makinesi**
Fohlen .... 32 **tay**
Foto .... 17 **fotoğraf**
Frau .... 17 **bayan**
Freitag .... 40 **cuma**
Friseur .... 23 **kuaför**
fröhlich .... 37 **neşeli**
Frosch .... 30 **kurbağa**
Frost .... 38 **don**
Frühling .... 39 **ilkbahar**
Fuchs .... 31 **tilki**
Füller .... 21 **dolma kalem**
fünf .... 40, 41 **beş**
fünfzehn .... 41 **on beş**
Fußgänger .... 23 **yayalar**
Fußgängerzone .... 23 **yaya yolu**
Futterkrippe .... 31 **yemlik**

G

Gabel .... 11 **çatal**
Gameboy .... 18 **gameboy**
Gangway .... 24 **iniş merdiveni**
Gans .... 33 **kaz**
Garderobe .... 20 **gardırop**
Garten .... 32 **bahçe**
geben .... 35 **vermek**
Gefrierschrank .... 11 **derin dondurucu**
Gegensätze .... 36 **karşıt anlamlılar**
gehen .... 34 **yürümek**
Gehweg .... 22 **kaldırım**
Gemüse .... 13, 26 **sebze**
Geschirr .... 11 **sofra takımı**
Geschirrspülmaschine 10 **bulasık makinesi**
Geschirrtuch .... 10 **kurulama bezi**
geschlossen .... 36 **kapalı**
Gesicht .... 7 **yüz**
gesund .... 37 **sağlıklı**
Getränke .... 27 **içecekler**
Getreide .... 33 **tahıl**
Gewitter .... 39 **kasırga**
Gewürze .... 11 **baharatlar**
Giraffe .... 28 **zürafa**
Gitarre .... 19 **gitar**
Glas .... 11 **bardak**
glatt .... 36 **pürüzsüz**
Glühbirne .... 17 **ampul**
Gorilla .... 28 **goril**
Gras .... 31 **çimen**
groß .... 36 **büyük**
großer Zeiger .... 40 **yelkovan**
Gürtel .... 8 **kemer**
Gummistiefel .... 9 **lastik çizme**

H

Haare .... 7 **saç**
Haargummi .... 15 **saç lastiği**
Haarspange .... 15 **saç tokası**
Haarspray .... 15 **saç spreyi**
Hähnchen .... 12 **tavuk**
hässlich .... 37 **çirkin**
Hafen .... 24 **liman**
Haferflocken .... 26 **yulaf ezmesi**
Hagel .... 38 **dolu**
Hahn .... 33 **horoz**
Hai .... 29 **köpekbalığı**
halb .... 40 **sekiz**
Halskette .... 9 **kolye**
Haltestelle .... 23 **durak**
Hamburger .... 12 **hamburger**
Handpupppe .... 18 **el kuklası**
Handschuhe .... 9 **eldiven**
Handtuch .... 15 **havlu**
hart .... 36 **sert**
Hase .... 31 **tavşan**
Haus .... 22 **ev**
Haushaltsartikel .... 26 **küçük ev gereçleri**
Hausschuhe .... 9 **ev terliği**
Heft .... 21 **defter**
heiß .... 36 **sıcak**
Hemd .... 8 **gömlek**
Herbst .... 38 **sonbahar**
Herd .... 10 **ocak**
Heu .... 33 **kuru ot**
Himmel .... 39 **gökyüzü**
hinfallen .... 35 **düşmek**
hinten .... 36 **arka**
Hitze .... 39 **aşırı sıcaklık**
hoch .... 37 **yüksek**
Holz .... 16 **odun**
Honig .... 12 **bal**
Hose .... 8 **pantalon**
Hotel .... 22 **otel**
Hubschrauber .... 24 **helikopter**
Hühnerstall .... 33 **tavuk kümesi**

Mann	17	**bay**
Mantel	9	**manto (palto)**
Margarine	27	**margarin**
Marionette	18	**kukla**
Marmelade	13	**reçel**
Matrose	24	**tayfa**
Maulwurf	30	**köstebek**
Maus	30	**fare**
Mayonnaise	26	**mayonez**
Meer	39	**deniz**
Mehl	26	**un**
Messer	11	**bıçak**
Mikrowellenherd	11	**mikrodalga fırın**
Milch	12	**süt**
Milchkännchen	13	**sütlük**
Minute	40	**dakika**
Misthaufen	33	**gübre yığını**
Mittwoch	40	**çarşamba**
Monat	38	**ay**
Montag	40	**pazartesi**
Moos	31	**yosun**
Motorboot	24	**motorbot**
Motorrad	25	**motosiklet**
Müllabfuhr	25	**çöp arabası**
Müllcontainer	22	**çöp kontynerleri**
Mülleimer	10	**çöp kutusu**
Müsli	12	**müsli**
Mütze	9	**başlık**
Mund	7	**ağız**
Murmeln	19	**bilyeler**
Museum	23	**müze**
Mutter	13	**anne**

N

Nachthemd	8	**gecelik**
Nageletui	14	**manikür/pedikür kutusu**
nah	37	**yakın**
Nase	7	**burun**
Nashorn	28	**gergedan**
nass	36	**ıslak**
Nebel	39	**sis**
nehmen	35	**almak**
neun	40, 41	**dokuz**
neunzehn	41	**on dokuz**
niedrig	37	**alçak**
Nilpferd	29	**su aygırı**
Notrufsäule	25	**imdat çağırma sütunu**
November	38	**kasım**
Nudelholz	10	**oklava**
Nudeln	26	**makarna**

O

oben	37	**yukarı**
Obst	26	**meyve**
Obstbäume	32	**meyve ağaçları**
Öl	26	**bitkisel yağ**
offen	36	**açık**
Ohr	7	**kulak**
Ohrring	9	**küpe**
Oktober	38	**ekim**
Omnibus	25	**otobüs**
Orangensaft	27	**portakal suyu**
Ordner	20	**dosya**
Ortsschild	23	**yerleşim yeri levhası**

P

Pandabär	29	**panda**
Papagei	28	**papağan**
Papierkorb	20	**çöp sepeti (kağıt)**
Papiertaschentücher	26	**kağıt mendil**
Parfüm	14	**parfüm**
Parkplatz	25	**park yeri**
Parkuhr	23	**park saati**
Patrone	21	**patron**
Pausenbrot	20	**beslenme**
Pfanne	10	**tava**
Pfannnenwender	11	**spatula**
Pfau	29	**tavus kuşu**
Pfeffermühle	13	**karabiber değirmeni**
Pferd	32	**at**
Pflug	32	**saban**
Pilot	24	**pilot**
Pilze	31	**mantarlar**
Pinguin	29	**penguen**
Pinsel	20	**fırça**
Pizza	12	**pizza**
Polizeiauto	25	**polis arabası**
Polizist	23	**polis**
Pommes frites	12	**patates kızartması**
Pony	29	**midilli atı**
Post	22	**postahane**
Poster	18	**poster**
Pudding	13	**puding**
Pullover	8	**kazak**
Puppe	18	**bebek**
Puppenhaus	18	**bebek evi**
Puppenwagen	18	**bebek arabası**
Puzzle	18	**yap boz**

Q

Quark	13	**lor**

R

Radiergummi	21	**silgi**
Radio	16	**radyo**
Rasierapparat	15	**traş makinesi**
Rasierwasser	14	**traş losyonu**
Raststätte	25	**dinlenme tesisleri**
Rathaus	22	**belediye**
rau	36	**pürüzlü**
rechnen	34	**hesap yapmak**
rechts	36	**sağ**
reden	35	**konuşmak**
Regal	19	**raf**
Regen	39	**yağmur**
Regenbogen	39	**gök kuşağı**
Regenjacke	9	**yağmurluk**
Regenschirm	9	**şemsiye**
Reh	31	**karaca**
Rehbock	31	**erkek karaca**
Reibe	10	**rende**
Reinigungsmittel	26	**temizlik ilacı**
Reis	13	**pilav**
Reißverschluss	8	**fermuar**
Reklame	22	**reklam**
rennen	34	**koşmak**
Restaurant	22	**lokanta**
richtig	37	**doğru**
Ring	9	**yüzük**
Rock	8	**etek**

S

Deutsch	Seite	Türkçe
Saft	13	**meyve suyu**
Sahne	27	**krem şanti**
Salat	13	**salata**
Salz	26	**tuz**
Salzstreuer	13	**tuzluk**
Samstag	40	**cumartesi**
Sandalen	9	**sandalet**
sauber	36	**temiz**
Schaf	32	**koyun**
Schaffner	24	**kondüktör**
Schal	9	**atkı**
Schallplatte	16	**plak**
Schallplattenspieler	16	**pikap**
Schaumbad	15	**banyo köpüğü**
Schere	21	**makas**
Scheune	33	**samanlık**
schieben	35	**itmek**
Schienen	24	**raylar**
Schiff	24	**gemi**
Schlafanzug	8	**pijama**
schlafen	34	**uyumak**
Schlange	29	**yılan**
Schminkzeug	14	**makyaj malzemesi**
schmutzig	36	**kirli**
Schnee	38	**kar**
Schneebesen	11	**çırpacak**
schnell	36	**hızlı**
Schnitzel	12	**şnitzel**
schön	37	**güzel**
Schokolade	27	**çikolata**
Schrank	16	**dolap**
schreiben	34	**yazmak**
Schreibtisch	19	**yazı masası**
schreien	35	**bağırmak**
Schubkarre	32	**el arabası**
Schüler	21	**erkek öğrenci**
Schülerin	21	**kız öğrenci**
Schürze	11	**önlük**
Schüssel	10	**kase**
Schuhe	9	**ayakkabı**
Schulbuch	20	**okul kitabı**
Schule	20	**okulda**
Schulhof	20	**okul bahçesi**
Schulranzen	20	**okul çantası**
Schwamm	10,21	**bulaşık süngeri**
Schwan	30	**kuğu**
Schwein	32	**domuz**
schwer	36	**ağır**
sechs	41	**altı**
sechzehn	41	**on altı**
See	30	**göl**
Seehund	29	**fok balığı**
Segelflugzeug	24	**planör**
Seife	15	**sabun**
Sekunde	40	**saniye**
Sekundenzeiger	40	**saniye göstergesi**
Senf	13	**hardal**
Sense	32	**tırpan**
September	38	**eylül**
Serviette	13	**peçete**
Sessel	17	**koltuk**
Setzkasten	20	**dizgi kasası**
Shampoo	15	**şampuan**
Sieb	10	**elek**
sieben	41	**yedi**
siebzehn	41	**on yedi**
singen	34	**şarkı söylemek**
sitzen	34	**oturmak**
Socken	8	**soket çorap**
Sofa	17	**kanepe**
Sommer	39	**yaz**
Sonderangebot	26	**özel indirimli**
Sonne	39	**güneş**
Sonntag	40	**pazar**
Soße	12	**sos**
Spagetti	12	**spaghetti**
Spiegel	15	**ayna**
Spiegelei	12	**sahanda yumurta**
Spielbrett	19	**oyun tahtası**
spielen	34	**oynamak**
Spielkiste	19	**oyuncak kutusu**
Spielsteine	19	**oyun taşları**
Spielzeugauto	18	**oyuncak oto**
Spinne	30	**örümcek**
Spitzer	21	**kalemtıraş**
springen	35	**zıplamak**
Spüle	10	**eviye**
Spülmittel	10	**deterjan**
Stadt	22	**şehirde**
Stadtbücherei	22	**şehir kütüphanesi**
Stall	33	**ahır**
Stamm	31	**ağaç gövdesi**
Stau	25	**trafik tıkanıklığı**
Steckdose	17	**priz**
Steckenpferd	19	**oyuncak at**
stehen	34	**ayakta durmak**
Stein	30	**taş**
Stereoanlage	16	**müzik seti**
Stewardess	24	**hostes**
Stier	32	**boğa**
Stirn	7	**alın**
Stöpsel	14	**tapa**
Strand	39	**plaj**
Straße	22, 25	**cadde**
Straßenbahn	24	**tranvay**
Straßenlaterne	23	**sokak lambası**
Straßenmaler	22	**sokak ressamı**
Straßenmusiker	22	**sokak müzisyeni**
Straßenschild	23	**sokak levhası**
Strauß	28	**deve kuşu**
streicheln	35	**okşamak**
Streichelzoo	29	**evcil hayvanlar**
Streichhölzer	17	**kipritler**
Strickjacke	8	**hırka**
Strohballen	33	**saman balyaları**
Strümpfe	8	**uzun çorap**
Strumpfhose	8	**külotlu çorap**
Stuhl	16	**sandalye**
Stunde	40	**saat**
Sturm	38	**fırtına**
Süßigkeiten	27	**şekerlemeler**
Supermarkt	26	**süpermarkette**
Suppe	12	**çorba**
Suppenkelle	11	**kepçe**
Suppenteller	11	**çorba tabağı**
Sweatshirt	8	**eşofman tişört**

T

Deutsch	Seite	Türkçe
Tablett	12	**tepsi**

Zur Aussprache des Türkischen

Das türkische Alphabet besteht aus 29 Buchstaben:

Aa Bb Cc Çç Dd Ee Ff Gg Ğğ Hh Iı İi Jj Kk Ll Mm Nn Oo Öö Pp Rr Ss Şş Tt

Uu Üü Vv Yy Zz.

Davon sind 21 Konsonanten und 8 Vokale. Die türkischen Vokale a, e, i, o, u, ö, ü klingen fast so wie im Deutschen.

Man unterscheidet helle Vokale: e,i,ö,ü
und dunkle Vokale: a, ı, o, u.

Bei der Aussprache der Konsonanten ist Folgendes zu beachten:

Cc – **Dsch**ungel
Çç – Deu**tsch**
Ff – **V**ater
Ğğ – Steht in einem Wort vor dem Buchstaben **ğ** ein heller Vokal, wird dieser wie **j** ausgesprochen (z.B. **değil** wird **dejil** gesprochen). Steht in einem Wort vor dem Buchstaben **ğ** ein dunkler Vokal, wird dieser lang ausgesprochen (und dabei **ğ** wie ein deutsches **h**, z.B **Doğa – Do:a**). Es gibt in der türkischen Sprache kein Wort, das mit dem Buchstaben Ğğ anfängt.

Hh – wie das deutsche **h**
Iı – entspricht der Aussprache der Endungen der Infinitivverben wie z.B. mach**en**, komm**en**
Jj – **J**ournal
Ss – la**s**sen
Şş – **Sch**ule, **Sch**wester
Vv – **W**agen, **W**ind
Yy – **j**a, **j**etzt
Zz – **S**ahne